# Minutos de Motivação para Líderes

# Minutos de Motivação para Líderes

Stan Toler

Traduzido por Verônica Araújo

CPAD

Rio de Janeiro
1ª Edição
2009

Título do original em inglês: *Minute Motivators for Leaders*
Cook Communications Ministries, Colorado Springs, Colorado, EUA
Primeira edição em inglês: 2002

Tradução: Verônica Araújo
Preparação dos originais: Elaine Arsenio
Revisão: Gleyce Duque
Capa: Josias Finamore
Adaptação de Projeto gráfico e editoração: Oséas F. Maciel

CDD: 253 - Liderança

ISBN: 978-85-263-0990-6

As citações bíblicas foram extraídas da versão Almeida Revista e Corrigida, edição de 1995, da Sociedade Bíblica do Brasil, salvo indicação em contrário.

Para maiores informações sobre livros, revistas, periódicos e os últimos lançamentos da CPAD, visite nosso site: http://www.cpad.com.br

SAC — Serviço de Atendimento ao Cliente: 0800-21-7373

**Casa Publicadora das Assembleias de Deus**
Caixa Postal 331
20001-970, Rio de Janeiro, RJ, Brasil

1ª edição: 2009

# Introdução

Líderes não têm todas as respostas, embora os outros possam pensar que eles tenham.

Liderança não significa mostrar às pessoas o quanto você é enérgico, entusiástico ou empreendedor. Significa obter bastante conhecimento e sabedoria para levar as pessoas e planos da obscuridade à excelência. Líderes sempre estão na curva da aprendizagem. Eles sabem que não chegaram ao fim de sua missão até que tenham mostrado a outra pessoa, pelo seu próprio exemplo, como ser o melhor que eles podem.

*Minutos de Motivação para Líderes* é um companheiro para a jornada. Ele oferece princípios provados e progressivos para encontrar o seu caminho através da incerteza dos tempos.

— Stan Toler

# Líderes gastam seu tempo com grandes líderes.

"Qualquer pessoa que influencia os outros é um líder."

– Chuck Swindoll.

## ASSOCIAÇÃO

Se somos conhecidos pela companhia que temos, então ela deveria inspirar e revigorar-nos para a grandeza. Liderança não é aprendida justamente pela "decoreba" de palavras, orações ou parágrafos em um livro texto. Ela é fixada pela mente e espírito daqueles que a procuram nas vidas de outros. Aspirantes a líderes reconhecem a importância de manter contato com aqueles que escolheram superar. Eles os escutam, os observam. Eles os procuram. As suas palavras e ações caem sobre seus espíritos como gotas de água em uma esponja seca.

Os aspirantes a líderes reconhecem que a realização dos outros oferece uma chave para destrancar a sua própria excelência. Eles se associam com grandes homens e mulheres não como um ato de adoração, mas o suficiente para aprender a causa do sucesso deles. Todo líder deveria ser um conselheiro. Porém, o mais importante, todo líder deveria ter um conselheiro.

Chame isso de sucesso por associação — as pessoas que se esforçam por excelência pessoal encontrarão um modo para gastar o seu tempo com as pessoas excelentes ao seu redor.

# Líderes fazem as coisas certas.

"A reputação é feita em um momento. O caráter é construído durante uma vida inteira."

– James Leggett

# CARÁTER

Muitas pessoas podem conseguir o trabalho feito. Indústria, ciência, educação — cada profissão tem a sua estrela empreendedora. Competência pessoal não é uma qualidade rara nestes dias. Jornais impressos e televisivos noticiam os melhores destes dedicados homens e mulheres. Todavia, o *caráter* pessoal está ficando bastante evasivo. Como o Esaú da Bíblia, alguns profissionais comercializaram a herança das reputações pelo guisado de dinheiro. Eles se tornaram os comerciantes da época, negociando a riqueza do eterno pela ninharia do temporário.

"Se vale a pena fazer alguma coisa, vale a pena fazer certo", diz o antigo provérbio de liderança. Mas os líderes de caráter estão mais preocupados com *fazer a coisa certa do que fazer certas coisas.* Métodos certos sem motivos certos são superficiais. No fim, o grande líder não é a pessoa que simplesmente manda fazer o trabalho. É a pessoa que sabe como unir os motivos com os métodos.

A liderança que faz diferença abrange uma vontade pessoal para fazer a coisa certa. Ela faz escolhas firmes — escolhas morais, escolhas espirituais, escolhas éticas, escolhas certas.

# Líderes fazem cada um sentir-se valioso.

"Um grande homem demonstra sua grandeza pelo modo como lida com os pequenos homens."

– Thomas Carlyle

## AFIRMAÇÃO

Líderes entendem que todo membro da sua equipe tem uma necessidade inata para ser avaliada, reconhecida, incluída. Cada membro da equipe é uma estrela aos olhos do líder. Por conseguinte, todo mundo na equipe é tratado com o respeito proporcionado a um voluntário, não importa qual é a escala de pagamento deles. Líderes são os primeiros a reconhecerem o feito dos outros. Eles são generosos com apertos de mão e sorrisos, diligentes com diálogo e encorajamento, notáveis em suas anotações escritas. Eles entendem que uma "colherada de açúcar" faz até mesmo as tarefas mundanas e sem gosto dos seus subordinados mais toleráveis.

Líderes também entendem a importância de um nome. Percebem que a *atenção* pessoal começa com uma *saudação* pessoal. Para eles, os cooperadores não são entidades anônimas, valiosos apenas por sua contribuição. São amigos valiosos. A verdadeira liderança busca afirmar o valor individual de colegas e companheiros. Isso os deixa saber que eles verdadeiramente pertencem — que são mais do que nove para cinco residentes em algum submundo de cubículos carpetados.

Líderes eficazes têm percebido que um tapinha nas costas tem força suficiente para impulsionar um companheiro para a excelência.

# Os líderes sabem o que fazer em seguida.

"A liderança é o risco calculado."

– Ted Ward

## PREVISÃO

Um mestre do xadrez nunca pensa só no próximo movimento. Ele está pensando três, quatro ou cinco movimentos à frente. Os líderes fazem a mesma coisa. A visão deles é projetada bem no futuro. E aquele futuro é tão familiar para eles como pode ser à mente finita. Sonharam sonhos daquele lugar. Plantaram e construíram as suas esperanças lá. Eles já previram uma conclusão naquele futuro.

Líderes não são aqueles entusiasmados por viagens curtas. Eles estão em uma longa jornada de excelência. Sabem que a jornada é feita de passos individuais, cada um plantado firmemente em territórios inexplorados.

Em certo sentido, eles nunca chegam. Quando uma fase de um projeto é concluída, movem-se imediatamente para o próximo. Quando uma meta é alcançada, estendem o novo. Nenhum problema já é o fim da estrada. Nenhuma realização já é o topo da montanha. Sempre há aquele próximo passo — o passo já sonhado em seu coração; o passo planejado, orado, e sustentado por causa da visão de longo alcance.

# Líderes cultivam líderes.

"Você conseguiu ter grandes atletas para vencer, eu não me importo quem é o treinador. Você não pode vencer sem bons atletas, mas perder com eles. Isso é onde o treinamento faz a diferença."

– Lou Holtz

## MENTOREAR

Você sempre reconhece um líder de nível-A. Como? Ele terá subordinados de nível-A. Aqueles que o seguem terão algumas de suas habilidades, algumas de suas determinações e algumas de suas visões. A verdadeira liderança é contagiosa. As pessoas pegam-na, e ela germina nos seus espíritos.

Você reconhece os líderes de nível-B facilmente, da mesma maneira. Eles provavelmente terão subordinados de nível-C. Líderes de nível-B são intimidados pelo potencial dos outros. Eles são microempresários, guardiões das chaves que previnem o "destrancamento" do potencial de alguém. A própria insegurança deles cobre o florescimento de visionários como uma manta de lã pesada.

Líderes de nível-A não são ameaçados pelo grande potencial. Na realidade, procuram por isso, buscam, recrutam e desenvolvem. Isso os impressiona. Isso os dirige até mesmo para maiores realizações. Eles descobriram o segredo de excelência. Perceberam a grande possibilidade — que eles podem multiplicar o trabalho desenvolvendo e treinando os seus companheiros para alcançarem a capacidade completa deles.

Um grande líder não será um líder de imitadores. Ele será um líder de líderes.

# Líderes trabalham junto com outros líderes.

"Eu não uso apenas toda a inteligência que tenho, mas toda aquela que eu posso obter emprestada."

– Woodrow Wilson

## REDE DE RELACIONAMENTOS

Líderes conhecem os fatos da vida: Primeiro, a maioria da produtividade vem de uma estrutura de pessoas efetivas; segundo, a maioria das decisões em uma organização é feita por um grupo de líderes respeitados; terceiro, a fonte de informações para a realização está aprendendo a reconhecer aqueles círculos de influência e está buscando para chegar a compreendê-lo.

O processo é importante. Líderes aspirantes fazem questão de identificar os líderes em uma organização. Quem está fazendo uma marca na corporação? As idéias de quem gera o interesse de outros? Para quem os companheiros estão se voltando? Uma vez que o círculo de influência é identificado, o líder aspirante busca formar uma rede de contatos espirituais.

Eles trabalham com o círculo de membros, investindo tempo e esforço em ajudá-los a alcançarem as suas metas. Compartilham informação entre si, perspicácias que eventualmente serão recíprocas. E mais importante, aprendem a partir deles. Copiam o seu melhor, e separam o seu pior através de filtros de caráter e compromissos espirituais.

Rede de relacionamentos — excelentes líderes aprenderam a verdade na velha máxima, "não é *só o que você sabe, mas quem* você sabe que conta."

# Líderes são visionários.

"Qualquer pessoa pode pilotar o navio, mas isso leva um líder autêntico a traçar o percurso."

– George Barna

## VISÃO

Líderes não têm apenas um olho no horizonte, podem ver perfeitamente além disso. A firme compreensão deles a respeito do presente está baseada em sua esperança sem-fim para o futuro. Eles lidam com as coisas como elas são porque sonharam com o que podem ser.

Eles têm uma visão. "Sem isso, dizem as "Escrituras", as pessoas perecem." Uma das marcas da liderança é a habilidade para olhar além do imediato para um melhor, mais luminoso amanhã. Por exemplo, os líderes olham para o terreno desocupado e vêem um negócio prosperando. Vêem uma estrutura básica e prevêem um arranha-céu. Eles se encontram com um conhecido casual e se antecipam numa sociedade futura.

Líderes não estão satisfeitos com o *status quo*. Eles têm um desejo interno para o próximo nível. Tempo e inconveniência são meros penhores para serem orientados à última captura. Líderes imaginam um futuro que é melhor do que o presente — e procuram meios para fazerem isso acontecer.

Líderes não são aqueles interessados no que está acontecendo *agora*. Eles estão mais interessados no que está acontecendo *em seguida*.

# Líderes estão propensos a correrem riscos.

"Viver sem riscos não vale a pena viver."

– Charles A. Lindbergh

## AVENTURA

"Se você não quiser correr com os cachorros grandes, então fique na varanda." Quem cunhou essa declaração entendeu a doutrina da liderança: Ela é arriscada.

Os caminhos da oportunidade têm alguns impactos de velocidade. Os planos falham. Os fundos monetários evaporam. Os mercados mudam. Os aliados abandonam. É uma selva lá fora! Mas grandes líderes aprenderam a ser sobreviventes. Eles se nutrem como podem. Formam alianças. Pressentem uma estratégia. Resistem em se render.

Os líderes entendem o risco e estão dispostos a levá-los. Eles sabem que a vida não vem com uma garantia de reembolso que não há nenhuma garantia de sucesso em qualquer empenho. Mas ainda estão dispostos a conduzir o custo. Estão decididos a convencer as pessoas de que as batalhas podem ser vencidas apesar do tamanho ou do armamento do inimigo.

Líderes estão dispostos a pagar um preço. Estão preparados para trocar o que eles têm pelo o que poderiam ganhar. São mais incentivados pela perspectiva de sucesso do que pelo medo do fracasso. Eles são aventureiros. Não estão dispostos a ficarem na varanda.

# Líderes são inspirados no estilo.

"Motivação é como a maré. Ela levanta todo o mundo quando ela sobe."

– Bill Burch

## MOTIVAÇÃO

Há três modos para motivar as pessoas: culpa, lisonja e inspiração. Muitos de nós estamos comprometidos com uma ou mais viagens de culpa. E da experiência, nós sabemos que a jornada não era tudo agradável. "Mas nós realmente precisamos de você". "Todo o mundo está ajudando o outro". "Você realmente deve isso a nós." Cooperação por coerção não é nenhuma cooperação verdadeira. Isso pode incitar uma ação desejada, mas certamente não induz a um resultado desejado.

Até mesmo a lisonja pode ser um motivador negativo. "Você adquirirá muito reconhecimento por isso." "Todo o mundo diz que você faz isso tão bem." "Todo o crédito irá para você." Esses comentários são placebos de elogio, aplauso de maneta. Líderes sabem o quão importante significa reforçar o empenho da equipe com reconhecimento honesto, mas eles não distribuem buquês de rosas de plástico.

Grandes líderes inspiram os seus seguidores. "Eu tenho um sonho!" "Pense o que nós podemos realizar!" "Você pode contribuir para algo grandioso!"

Da mesma forma por palavra ou através de ação, os melhores líderes são aqueles que inspiram os outros a estenderem o braço a fim de alcançar algo maior do que eles mesmos.

# Líderes perdoam rapidamente.

"Ele, que não pode esquecer de quebrar a ponte sobre a qual ele mesmo deve passar."

– Tom Eliff

## CARIDADE

Pessoas mesquinhas carregam rancores. Pessoas nobres perdoam e esquecem. Pessoas mesquinhas se envolvem em insultos. Pessoas nobres os deixam passar. Pessoas mesquinhas cultivam pensamentos de vingança. Pessoas nobres mudam. Líderes são grandes. Eles são tolerantes, indulgentes, perdoadores. Líderes são caridosos.

Paus e pedras quebram os ossos; mas o fato é que, nomes também ferem. Os líderes podem não ter que se esquivar de galhos ou granitos lançados contra eles, mas freqüentemente não podem evitar os seus insultos proferidos. O modo como um líder reage significa a diferença entre a grandeza da liderança e a mediocridade. Reagir com vingança é contraproducente. Isso apenas aumenta o conflito e deixa o defensor com desordem interna — e poucos amigos. Reagir com caridade é influente.

Excelentes líderes recusam-se a pôr vestuário de batalha. Em vez disso, ficam centrados em seus objetivos. Grandes líderes recusam permitir insultos pessoais para chamar-lhes a atenção. Eles se entregaram em busca de uma vantagem maior — o enriquecimento e bem-estar de outros.

Pergunte a qualquer líder por que ele (ou ela) estão dispostos a perdoar e esquecer, e você ouvirá, "eu não tenho tempo para estar amargurado. Só tenho tempo para ser melhor."

# Líderes são bons comunicadores.

"Para ser eficaz, os líderes devem saber como comunicar suas visões efetivamente e como atrair a cooperação dos outros."

– M. Z. Hackman e C. E. Johnson

## COMUNICAÇÃO

Não há nenhuma vantagem em ter uma boa idéia se você não puder contar para ninguém qual é. Como dar um presente, líderes aprendem como levar um pensamento, envolvê-lo em palavras, e apresentá-lo a um ou mais dos seus companheiros.

Esta "comunicação doada" é delicada e deliberada. Primeiro, o pensamento deve ser pertinente. Ele deve atrair a discussão do ouvinte. Segundo, deve ser bem-embrulhado. Líderes aprendem o modo de falar. Eles estão tão confortáveis com uma vírgula da mesma forma como estão com um ponto de interrogação. Substantivos e verbos são colocados nos seus espaços reservados, e adjetivos e advérbios não atrapalham os seus sujeitos. Terceiro, a apresentação deveria estar clara, concisa, correta e generosamente decorada com ilustrações humorísticas ou comoventes.

Bons comunicadores não deixam nenhuma dúvida sobre o significado da sua mensagem. Eles sabem que o processo de comunicação não está completo até o seu público ter escutado e entendido a mensagem entregue.

Quando grandes líderes comunicam, todos ao redor deles sabem o que será transmitido. Eles sabem por que o líder tem certeza disso!

# Líderes entendem as pessoas.

"Uma das marcas
da verdadeira grandeza é a
habilidade para desenvolver a
grandeza nos outros."

– J. C. McCauley

## DISCERNIMENTO

Líderes estão nos negócios das pessoas. A primeira função deles não é comprar, vender, analisar, ministrar, ou manipular um comércio. É entender e trabalhar com pessoas. Eles sabem que a estrada para o sucesso é alinhada com pessoas — pessoas com diferentes atitudes, habilidades, ou perspicácia. Os maiores princípios ou planos na terra são estagnados sem o esforço cooperativo das pessoas que estão interessadas com o florescer.

Um líder faz perguntas perspicazes. Por que fazem algum barulho, enquanto outros lamentam? Por que fazem algum ato como se estivessem temperados, enquanto outros estão apenas salgados? Por que alguns são movidos facilmente, enquanto outros são inalteráveis?

Eles observam pessoas. Estudam seus motivos, falam com eles e os escutam. Buscam entender o que os tornam felizes, tristes, bravos ou aborrecidos.

Líderes sabem que eles não estão apenas contratando ou designando uma pessoa. Estão herdando um passado, uma dor ou uma peculiaridade Assim eles olham com discernimento além dos sorrisos ou carrancas — todo o meio para o coração.

Um líder efetivo pode "ler" as pessoas do modo como os outros lêem um jornal.

# Líderes são entusiasmados sobre o futuro.

"Grandes líderes nunca estão satisfeitos com níveis correntes de desempenho. Eles são implacavelmente dirigidos por possibilidades e realizações potenciais."

– Donna Harrison

## EXPECTATIVA

"Eu estou no topo da montanha, e vejo o outro lado." Essas palavras do Dr. Martin Luther King Jr. acendeu a paixão do movimento dos direitos civis. Sua atitude de expectativa fez com que milhares de pessoas os seguissem, não importasse qual o preço.

O que havia a respeito da sua liderança que deixou uma impressão tal sobre os seus seguidores? Primeiro, ele tinha uma visão positiva do futuro. Ele acreditava que o seu sonho de igualdade e justiça seria realizado um dia.

Segundo, ele acreditava que a justiça venceria. Até mesmo quando as chamas do ódio e da opressão queimaram, King acreditou que uma última coisa boa surgiria das suas cinzas.

Terceiro, acreditou que a sua mensagem seria aceita. Apesar de rejeição imediata, Martin Luther King Jr. pressentiu um dia quando a sua missiva de paz e harmonia seria pronunciada, ensinada e praticada. Ele simplesmente esperou isso acontecer.

A tarefa de um líder é mostrar o futuro para as pessoas. Líderes visionários permanecem no topo da montanha. Eles vêem o outro lado, e não podem esperar para levar os outros até lá.

# Líderes enfatizam o que é positivo.

"O entusiasmo é contagioso. É difícil permanecer neutro ou indiferente na presença de um pensador positivo."

– Melvin Maxwell

## OTIMISMO

O líder sempre vê o dia como se estivesse ensolarado, nunca parcialmente nublado. Por quê? Porque líderes sabem que o otimismo é altamente contagioso. Até mesmo em pequenas doses, uma atitude que julga ser o melhor pode estabelecer-se rapidamente e influenciar muitos. Os pessimistas podem juntar os seus seguidores, mas eles ficarão confinados em casa. Eles têm medo de novas estradas e horizontes distantes. Alimentam a própria energia negativa e logo crescem fracos e cansados.

Por outro lado, o líder otimista prospera no quintal do pessimista. Ele sabe que um dia melhor está por vir. O otimista transmite a fé que é introduzida nos cansados até que se tornem fortes.

A equipe leva sua sugestão do líder. Assim, se o líder for negativo, o time também será negativo. Mas se o líder enfatizar o que é certo, o time compartilhará o mesmo ponto de vista positivo.

Sempre haverá os críticos para mostrar o que está errado. É trabalho do líder enxergar o que é certo.

# Líderes são aprendizes.

"Se você pára de aprender hoje, você pára de liderar amanhã."

– Howard Hendricks

## APRENDENDO

A educação de um líder nunca termina com a cerimônia de graduação. Dura ao longo de sua vida. Líderes bons estão sempre procurando meios para preencher as lacunas em seu entendimento. Eles estão constantemente aprendendo em dois níveis diferentes: conhecimento e habilidade.

Líderes têm uma sede inextinta pelo conhecimento. Lêem e fazem perguntas. Estudam problemas, assistem os outros e pensam. Um líder entende que a mente é a ferramenta de liderança mais efetiva, e ele constantemente estimula isso.

Líderes estão, também, treinando constantemente. Tão hábil quanto eles podem ser, eles constantemente harmonizam e treinam. Buscam a extremidade de um corredor no seu campo de empenho. Praticam com a disciplina de um atleta. Lêem os manuais e fazem a tarefa. Procuram o conselho de bons treinadores — treinadores com discernimento perspicaz que procurarão as falhas pequenas, despercebidas, e darão instrução para afiar as suas habilidades sem desencorajá-los.

*Quem* você conhece realmente é importante. Mas *o que* você conhece é a ligação que o une à pessoa.

# Líderes procuram a sabedoria coletiva da equipe.

"A ira e a pressa impedem o bom conselho."

– Provérbio Inglês

## CONSELHO

Se é verdade que o advogado que representa a ele mesmo tem um tolo como cliente, é igualmente verdade que o líder que aconselha a si mesmo tem um tolo como conselheiro. A Bíblia nos ensina que há sabedoria em *muitos* conselheiros. Cada um de nós tem uma "rede de sabedoria" que podemos recorrer para a solução de um problema ou a direção de um plano. A rede consiste de parentes, amigos, ou sócios instruídos que se graduaram na escola da experiência.

Ninguém tem sucesso sozinho. Até mesmo o solitário corredor de maratona tem um treinador. Há tempos de corrida concentrada e tempos de ouvir intensamente. O conselho do corredor afeta diretamente a sua obtenção da meta.

Os melhores líderes cercam-se com luzes brilhantes. Eles sabem que não estão acima do conselho dos seus subordinados. Considerando que os membros da sua equipe eram escolhidos por causa do conhecimento e habilidade que possuíam, eles são uma fonte de idéias. Os bons líderes tirarão daquela fonte com regularidade.

Os bons líderes sabem que precisam de conselho, e buscam isso.

# Líderes dividem o sucesso com a equipe.

"Sozinhos nós podemos fazer muito pouco; juntos nós podemos fazer muito mais."

– Helen Keller

## PARCERIA

Por que alguns líderes têm sucesso onde outros falham? Porque entendem que aquele sucesso é um esforço em grupo. Liderança e trabalho em equipe caminham lado a lado. Uma pessoa é completamente dependente da outra. Líderes aprendem o princípio valioso da parceria, e sempre estão prontos para trabalhar em conjunto com alguém que pode contribuir para uma meta em comum.

"Duas cabeças pensam melhor do que uma" é uma das máximas aprendidas desde cedo na vida. Qual então é o próximo nível? Quatro cabeças? Oito? Dezesseis? A função da sabedoria crescente e da habilidade proporciona uma maior oportunidade para a excelência. A eficiência geralmente aumenta com a participação.

E quando o líder da equipe é creditado por aquela eficiência, a verdadeira liderança sempre aceita os elogios em nome dos outros. Grandes líderes entendem que compartilhar a bênção é igualmente tão importante quanto compartilhar a culpa. Elogiar a equipe simplesmente por seus esforços motiva-os a maior eficiência.

Grandes líderes criam uma atmosfera na qual os outros também podem ter sucesso. Eles não têm nenhum medo de permitir aos seus associados de assumirem responsabilidades, e estão dispostos a dar crédito quando estes sobressaírem-se.

Quando o sucesso vem, os líderes celebram uma vitória em *equipe*!

# Líderes recebem dor e desilusão em excesso.

"Algumas pessoas são bem-sucedidas porque elas são destinadas para isso, porém muitas pessoas têm êxito porque são determinadas."

– Elmer Towns

## PACIÊNCIA

Os melhores líderes sabem que nem sempre obterão sucesso do seu próprio modo. Os planos serão desfeitos. Pessoas falharão. Às vezes as mudanças levarão a outro rumo. Isso é vida, e um líder sábio aprende aceitar isso e continuar. Eles entendem que a coroa do vencedor só é dada àqueles que suportam até o fim. Paciência é uma qualidade que compele alguns a fazerem brilhantes novas descobertas após uma calamidade. Por exemplo, nas mãos do cientista, um trauma de uma pessoa dá início a avanços tecnológicos que dão esperança para muitos.

Enfrentemos isso, às vezes as paredes vêm abaixo. O que acontece em seguida? A atitude fará a diferença. Bons líderes podem ficar irritados, mas nunca irados. Podem ficar desencorajados e distraídos, mas decidem não ser coléricos por causa da dor ou da decepção. Trabalham com afinco, reagrupam e focalizam-se em soluções. Eles tentam superar a adversidade em vez de sucumbir a ela. Continuam prosseguindo.

Os líderes entendem que uma cabeça equilibrada vem de um coração forte.

# Líderes criam atmosferas.

"Um líder é um indivíduo que tem uma visão inspiradora e pode motivar os outros a adquirir isso de volta."

– Laurence Smith

## MAGNETISMO

Líderes não dependem do tempo. Trazem a luz do sol com eles. Líderes verdadeiramente efetivos podem fazer a sua presença ser sentida em qualquer situação. Entram em uma sala com passos determinados. Procuram pelos primeiros olhos com os quais possam relacionar-se. Eles usam um sorriso para iluminar os cantos escurecidos. Suas palavras evocam confiança e encorajamento.

Líderes descobriram que podem induzir as pessoas com o poder da sua presença. Sabem que quando falam entusiasticamente do futuro, as pessoas terão esperança. Quando falam da possibilidade de sucesso, as pessoas terão confiança. Quando dão ênfase às qualidades positivas de uma idéia, as pessoas são motivadas.

Líderes entendem que o magnetismo é uma parte herdada e duas partes desenvolvidas. Eles vivem em uma atmosfera que é, até certo ponto, da sua própria criação. Aprenderam que levando uma nuvem cinza em todos os lugares aonde vão, as pessoas que encontram serão desanimadas naturalmente. Mas deixando o sol brilhar por meio do comportamento deles, podem tornar o ambiente mais confiante.

# Líderes conhecem o potencial dos outros.

"Trate as pessoas como se elas fossem o que devem ser e você pode ajudá-las a se tornarem o que elas são capazes de ser."

– Johann Wolfgang von Goethe

## ENCORAJAMENTO

Humanos são o vasto recurso inexplorado do planeta. Líderes sábios são aqueles que minam aquele potencial. Eles vêem o que é bom nos outros e trazem isso à tona. Em muitas formas, o potencial humano excede isso das grandes invenções do tempo. Líderes vêem o potencial dos seus associados. Estão sempre mais interessados com o que alguém vai ser do que com aquilo que ele ou ela são atualmente.

Líderes vêem as habilidades não danificadas dos outros como capacidades posteriores. Como um oleiro segura o barro informe e prevê sua excelência posterior, um líder vê as fraquezas dos seus associados como forças futuras e as suas perguntas como uma futura sabedoria.

Os associados do líder são diamantes ásperos cujos brilhos precisam do polimento de um artesão qualificado. A tarefa do líder é realizar aquele polimento. Em andamento, ele promove o auto-cumprimento das profecias que encorajam as pessoas de formas como essas: "Eu acho que você poderia fazer isso, se você tentasse". "Você será nosso maior realizador antes do fim do ano chegar." "Eu acredito em você."

Líderes percebem que adicionando uma xícara de encorajamento, podem colher galões de realização.

# Líderes necessitam de tempo para recreação e diversão.

"Uma pequena bobagem de vez em quando é apreciada pelos homens mais sábios."

– Willy Wonka

## DESCANSO

Bons líderes não fazem os outros de escravos, e não se fazem de escravos. Sabem que o descanso não é um luxo, é uma necessidade. Muito empenho e muito pouco tempo para renovação criam um perigoso desequilíbrio de liderança. Da mesma maneira que o corpo precisa descansar para revitalizar sua energia, o líder e a sua equipe precisam de uma pausa para relaxar.

Bons líderes assistem as necessidades da sua equipe. Eles fazem sugestões sábias sobre as horas de reconstrução físicas, mentais e espirituais da equipe. Avaliam e protegem o equilíbrio pessoal, social e profissional do grupo. Eles propositalmente programam atividades para evitar o esforço excessivo e o estresse.

Da mesma maneira, líderes sábios gastam tempo com eles mesmos. Sabem os benefícios de uma partida de golfe, a serenidade de um jogo de tênis, o bálsamo de um dia na praia, ou a bênção de um bom livro. Esses não são prerrogativas para o privilegiado; são ferramentas emocionais e espirituais para automanutenção.

O descanso é um bom remédio para se levar a vida muito seriamente. Um líder precisa de um "intervalo" no tempo apropriado.

# Líderes resolvem problemas que os outros temem.

"Aqueles que tentam fazer alguma coisa e falham são infinitamente melhores do que aqueles que não tentam fazer nada e têm sucesso."

– Lloyd Jones

## DESAFIO

Líderes adoram desafios. Enquanto os outros podem ver os desafios como obstáculos, os líderes os vêem como degraus. Para eles, os problemas são oportunidades sem forma para criar, re-inventar e superar. A fé do líder é colocada em prática quando um obstáculo aparece de repente. Como o atacante de futebol americano que adquire uma pressa de adrenalina quando o jogador adversário vai ao seu encontro, os líderes são motivados instantaneamente para se levantar contra os problemas que enfrentam.

Líderes vêem a oposição de um inimigo como uma oportunidade para ganhar um amigo. Vêem os elementos opressivos de um problema como uma oportunidade para ordenar forças contra isso. Líderes são empreendedores. Reconhecem que o maior desafio, o maior senso de realização existe quando ele é encontrado.

"Impossível" e "impraticável" são palavras que normalmente não estão nos lábios de um verdadeiro líder. Eles têm uma linguagem diferente. "Sim." "Eu sei que nós podemos." "Vamos tentar." Grandes líderes podem ter medo às vezes, mas nunca permitem que os seus medos impeça-os de enfrentar um desafio com coragem.

Quando outros estão desistindo, o líder está voltando para o estirador.

# Líderes são sustentadores.

"Pessoas não podem ser controladas. Estoque pode ser controlado, mas pessoas devem ser dirigidas."

– H. Ross Perot

## SUPORTE

Um bom líder tem um sistema de apoio — não exatamente um sistema de apoio que se inclina para as suas preocupações pessoais, mas um que está aberto para os interesses dos outros. Os líderes entendem a importância de levar alguém com eles quando escalam os degraus do sucesso.

Eles não apenas se deleitam no sucesso de outros; realmente criam um ambiente que nutre isso. Líderes são motivadores incansáveis. Como o fazendeiro diligentemente visa a colheita, assim o líder cultiva a equipe. Tempo e conveniência são facilmente sacrificados por causa do desenvolvimento de um campeão.

Líderes são rápidos para oferecer elogios, conselhos pessoais e palavras de apoio. Sabem o valor de uma palavra positiva, e-mail, ou telefonema. Entendem um dos motivadores básicos: o reconhecimento. Eles são rápidos em dizer, "Obrigado." "Eu o aprecio" flui naturalmente dos seus lábios . Eles fazem os seus sócios sentirem-se vitais à causa.

Líderes mal-sucedidos recorrem à culpa, à raiva e à crítica para controlar as pessoas.

Líderes bem-sucedidos libertam as pessoas apoiando-as.

# Líderes têm um senso de humor.

"O humor é para a vida o que os pára-choques são para os automóveis."

– Stan Toler

## TEMPERAMENTO

Bons líderes não levam eles mesmos muito a sério. Sabem como rir e estão dispostos a rir de si mesmos. Como eles têm um firme apoio sobre quem são e sobre quem podem vir a ser, não são ameaçados pela compreensão de que seus associados estão sutilmente atentos às suas fraquezas e provavelmente riram uma ou duas vezes às suas custas.

Bons líderes sabem que um pouco de tolice medida pode quebrar a escravidão da seriedade prolongada. Uma piada cuidadosamente escolhida, bem-colocada ou uma história humorística podem inverter o humor negativo de uma reunião imediatamente. Humor também é eficaz na derrubada das paredes entre liderança e o grupo. Uma piada partilhada com o grupo não só acalma uma situação tensa, como também cria harmonia e cultiva confiança. Quando o líder sorri, o grupo compartilha um senso de alívio.

Ninguém confia em um líder que não sabe como rir. Lincoln teve uma inteligência acentuada. Kennedy brincou com a imprensa. Os maiores líderes são contentes com eles mesmos e são capazes de sorrir.

# Líderes moldam a liderança.

**"Eu preferiria assistir a um sermão do que ouvir um todo dia."**

– David O. McKay

## EXEMPLO

Algumas das maiores lições em liderança são vistas e não ouvidas. A sala de aula da vida diária é um das colocações mais ideais por aprender sobre dirigir os outros aos seus objetivos. Lições aprendidas lá têm pequena vantagem de ser mais práticas e fundamentais daquelas que achadas apenas em um livro-texto. O verdadeiro trabalho ou as situações ministeriais são as maiores de todas as ilustrações.

Bons líderes não discursam somente por excelência; praticam isso. As qualidades que eles desejam de seus associados são aquelas que modelaram em suas próprias vidas. Eles têm um bom trabalho moral. São pontuais e zelosos. Mantêm a palavra deles e terminam o trabalho que começaram. São eficientes.

Bons líderes desfrutam o respeito do grupo por meio da demonstração de excelência em todos os aspectos da vida. Porque são humanos, os líderes desapontaram os outros algumas vezes. Mas porque eles têm qualidades de liderança, empenhar-se-ão em manter os padrões pessoais bem altos para os seus associados observarem.

Os líderes compartilham conhecimento e experiência pelas suas ações tão bem quanto suas palavras.

# Líderes almejam por excelência.

"Seja lá o que vale a pena fazer, de qualquer forma vale a pena ser bem feito."

– Philip Chesterfield

## EXCELÊNCIA

Líderes nunca estão dispostos a se conformar com segundo lugar. Sempre acreditam que fazendo alguma coisa de valor é valor que faz bem. Começam uma tarefa pensativamente, continuam diligentemente e terminam completamente. Cada passo do começo para a graça divina é um compromisso à excelência.

Líderes sabem que a excelência é aprendida. Da mesma maneira que o cientista treina a sua mente para entender teorias e métodos para realizar alguma experiência científica, os líderes se comprometem às teorias e métodos necessários para alcançar a meta da sua organização. Treinam a fim de estarem centrados nos planos e técnicas para realizar o seu propósito. Fazem sacrifícios pessoais para o sucesso da corporação.

Líderes também entendem que excelência é uma qualidade melhor do que uma quantidade. É um estado da mente. Alcança tão longe o quanto pode e realiza tanto quanto é possível. Os líderes sabem que correm o risco de não alcançar as expectativas dos seus semelhantes, mas descansam sabendo que estão fazendo o melhor.

Líderes não estão contentes em buscar a prata. Gostam da sensação do ouro genuíno.

# Líderes gostam de celebrar.

"Comemorar a felicidade
que os amigos estão sempre
concedendo, torna todos os dias
um feriado e celebra a vida."

– Amanda Bradley

## CELEBRAÇÃO

Um líder escolherá qualquer razão para dar uma festa. Ele ou ela sabe que nada constrói a moral como uma celebração, não importa quão pequena seja. Se é uma caixa de pãezinhos, um piquenique no parque, ou uma tarde de surpresa agradável, os líderes entendem a força da motivação que é reconhecer publicamente um trabalho bem feito.

Líderes celebram um bom desempenho da equipe, a conclusão de uma meta, ou até mesmo a conclusão de um objetivo. Eles se deleitam em honrar as realizações da corporação daqueles que trabalharam junto alcançando uma meta comum. Há muitos maneiras para dizer: "Grande trabalho, equipe!" E os bons líderes usarão essas maneiras tanto quanto for possível.

Líderes se deleitam em honrar as realizações individuais muito bem. Eles reconhecem o trabalho duro de um indivíduo por meio de uma comemoração pública e tangível do esforço.

Líderes amam as celebrações pessoais também. Eles afirmam as pessoas em toda oportunidade celebrando aniversários, realizações extracurriculares, ou significantes realizações familiares. Escrevem, chamam ou enviam um presente.

Líderes têm uma inclinação para honrar os outros.

# Líderes lideram pessoas, não instituições.

"A verdadeira liderança deve ser para o benefício das pessoas, não para o enriquecimento de uma instituição."

– Loren Gresham

## MOVIMENTO

Burocratas correm instituições. Líderes lideram as pessoas. Há uma grande diferença. Os burocratas arrastam e tabulam papéis com um senso de divertimento. Os discos rígidos do computador deles enchem-se com memorandos e arquivos de lembretes. Movem-se pelas florestas de quadros brancos e cavaletes como gazelas. Tristemente, são cativos das suas próprias corporações. A instituição é uma entidade fria. Leva em vez de dá. Isso é a autopreservação e focalizada na linha de fundo.

Líderes prefeririam trabalhar com pessoas a trabalhar com papel. Pessoas são dinâmicas. Têm a capacidade para dar como também de receber. Pessoas precisam ser conduzidas. São incompletas sem direção.

Instituições sufocam a liderança. Reais líderes são sonhadores, compradores de risco. Querem ver movimento. Relatórios, comitês, departamentos, — os líderes vêem estas coisas como males necessários. Mas a real paixão deles é por pessoas. Deleitam-se ajudando seus colaboradores a alcançarem os seus destinos. São estimulados pelos sorrisos de realização. Eles se alegram "sim!" nos momentos com os seus associados.

Um verdadeiro líder não almeja uma organização para fazer andar, mas pessoas para conduzir.

# Líderes são ouvintes.

"O primeiro passo para a sabedoria é o silêncio; o segundo é ouvir."

– Carl Summer

## ATENÇÃO

Aqui está um teste rápido de liderança. O líder olha nos olhos da pessoa que fala com ele? Nesse caso, o líder é atento, interessado e preocupado com as necessidades do membro da equipe. Se não, o líder está distraído, desinteressado ou egotista. Bons líderes levam as pessoas a serio. Escutam cuidadosamente as palavras, inflexão e emoções expressas pelos outros.

Líderes escutam as idéias dos seus associados. Podem não agir em toda sugestão que recebem, mas escutam com atenção para ouvir metodologias novas. Entendem que um conceito que os impeli para cima pode muito bem vir de um sócio da sua equipe.

Também escutam reclamações. Líderes entendem que emoções guardadas podem ser explosivas e sufocantes ou poderia muito bem sufocar os esforços do resto da equipe. Avaliam o *feedback* dos membros da equipe e críticos. Compreendem que os gritos e preocupações dos outros são brados pela atenção pessoal.

Os líderes aprendem porque eles ouvem.

# Líderes são observadores.

"Um líder é aquele que escala a mais alta árvore, avalia a situação inteira e brada: 'selva errada!'"

– Stephen Covey

## VIGILÂNCIA

O que o líder está fazendo enquanto a equipe está trabalhando duro? Assistindo. Mas não confunda assistir ao trabalho das pessoas, com não fazer nada. Bons líderes são os observadores agudos — estão alertas.

Primeiro, assistem aos trabalhadores. Estão atentos para ver quem produz e quem não produz. Olham para a fraqueza em vez de dar força, e olham para forças em vez de tirar proveito delas.

Segundo, estudam o processo. Querem ver o que trabalha e o que não trabalha. Estão alertas a métodos cansados e maquinaria antiquada. Avaliam a introdução de rotinas novas para realizar tarefas estabelecidas. Sabem que novos métodos de produção resultarão em produtos novos.

Terceiro, estão alertas à liderança vindoura na organização. Eles notam aqueles que têm uma paixão para superar. Os líderes sabem que observando a interação de habilidades e personalidades, excelentes personalidades evoluirão com o potencial para levar a organização ao próximo nível.

Muito pouco escapa a notificação de um líder bom. Isso é porque os líderes bons têm ambos os olhos bem abertos.

# Líderes valorizam o tempo.

"Tudo vem para aqueles que são apressados enquanto eles esperam."

– Thomas A. Edison

## TEMPO

Dizer que tempo é dinheiro é um insulto ao poder do tempo. Os líderes sabem que o tempo é o seu artigo mais precioso avaliado até mesmo sobre a riqueza. Eles seguram a moeda corrente de vinte e quatro preciosas horas em suas mãos. O uso dessas horas determinará o sucesso ou o fracasso, desejo ou ganho. Líderes efetivos dominam com o passar do tempo. Fazem seus minutos e segundos como seus escravos para realizar o seu propósito.

Eles começam as reuniões na hora certa e terminam do mesmo modo. Eles fixaram fronteiras sensatas para abrigar deliberações ou planejamento.

Não usam dez palavras quando alguém o fará. As suas apresentações são bem planejadas, pertinente e interessante, mas também concisas.

Relaxam, mas nunca perdem tempo. Estão atentos ao seu horário nobre — as horas do dia quando são mais efetivos. Pausam para reagrupar fisicamente e mentalmente.

Líderes efetivos planejam bem o tempo deles. Cada dia tem uma agenda, se formal ou informal. Nada é feito sem um propósito, até mesmo se aquele propósito seja descansar.

Um líder considera que matar o tempo é um crime capital.

# Líderes dão primazia às tarefas para serem executadas.

"Você nunca vai achar tempo para nada. Se você quer tempo, você deve fazê-lo!"

– Charles Burton

## PRIORIDADE

Líderes ineficazes fazem as coisas óbvias primeiro. Líderes efetivos fazem as coisas *importantes* primeiro. Um líder bom sabe que *urgente* e vital não são termos equivalentes. Muitas tarefas chamam atenção. Mas o líder efetivo decide qual dessas tarefas são verdadeiramente importantes à realização de uma meta.

Urgência simples não é o suficiente. A tarefa deve ser vital à missão. Todo movimento deve ser intrinsecamente ligado aos valores essenciais e propósito da organização. Isso exige o foco do líder. Na ocupação do dia, deve ser feita a pergunta: "Esta atividade funciona para realizar nosso propósito?"

Bons líderes entendem que nem toda tarefa vital pode ser feita imediatamente. Algumas atividades serão mais importantes amanhã do que são hoje. Seleção cuidadosa é uma marca da liderança. Um aperto firme de *quando* é justamente tão importante quanto agarrar o que, quem, ou como na administração de um projeto.

Líderes fixam prioridades. Eles perguntam, se eu puder realizar só uma coisa hoje, o que será?"

# Líderes são dignos de credibilidade.

"A verdade é a base da liderança."

– Michael Estep

## CREDIBILIDADE

Dizer a verdade é importante; ter credibilidade é mais importante. Ter um plano é importante; ter seguidores para implementar o plano é mais importante. Líderes bons são confiáveis. São conhecidos por acertar na primeira vez e todas às vezes depois disso.

Parte da credibilidade deles vem de sua vulnerabilidade. Líderes admitem os seus erros francamente. Não tentam se esconder atrás da fraqueza de outro. Estão dispostos a dizer, "Presente", quando a lista é chamada. Considerando que eles fizeram o trabalho fielmente, não têm medo de uma inspeção por semelhantes. Os motivos de líderes confiáveis se levantarão em um tribunal de opinião pública.

Eles são confiáveis — quer dizer, merecedor de confiança. São consistentes. Não restringem a verdade ou evadem da questão. E a sua palavra e trabalho são tão bons amanhã como eles foram ontem. Líderes não evitam perigo ou dever. A eles pode ser confiado carregar o bastão, e também ser confiado para passar isto a outro quando o tempo vier.

Líderes sabem que quando a credibilidade fala, a multidão escuta.

# Líderes dão ações a suas idéias.

"Medo das idéias nos fazem imponentes e inúteis."

– William O. Douglas

## AÇÃO

No mundo onde uma vinheta é capaz de concentrar a essência do que se tenta dizer, da mesma forma, as idéias devem saltar para fora da página e realizar algo. Líderes que pensam que podem ser os bons analistas, mas nunca serão efetivos até que aprendam ordenar as suas idéias. A ação move a teoria das exatidões da página para as necessidades das pessoas.

"Ele joga um bom jogo" * é um golpe mortal quando aplicado a um líder. Teorias e princípios devem ser testados no campo, e os líderes estão ansiosos para colocá-los em jogo. As suas ações saltam da sabedoria da maturidade deles.

Agem cuidadosamente. Líderes efetivos entendem a importância de cronometrar. Agem prudentemente. As suas ações estão baseadas no seu conhecimento dos recursos disponíveis. Recusam comprometer a sua equipe a uma causa que não tem nenhum meio óbvio de apoio.

Agem corajosamente. Líderes efetivos não têm nenhum medo de empunhar o facão na selva. Estão dispostos a cavar caminhos novos, ir onde ninguém mais ousou ir.

As ações de um líder falam mais alto do que palavras.

* **N. do T.:** Tal expressão significa dizer que uma pessoa parece sincera e/ou instruída sobre um assunto, mas na verdade não é.

# Líderes são tomadores de decisão.

"Eficiência é fazer coisas certas.
Eficácia é fazer a coisa certa."

– Alan Nelson

## RESOLUÇÃO

Eles tomam decisões calculadas. Líderes sabem que há dois caminhos importantes. Um é uma estrada para possíveis riquezas, enquanto o outro é uma estrada para uma eventual ruína. Líderes são qualificados escolhendo o caminho certo. Avaliam opções, pesam prioridades, e consultam os aconselhadores. Fazem escolhas. Sua escolha é uma determinação educada com base na experiência deles e na sabedoria de outros.

Líderes tomam decisões objetivas. Nunca restringem uma decisão baseada na opinião popular. Estão dispostos a avançar sem levar em conta o custo pessoal.

Líderes não procrastinam. Quando estiver na hora de decidir, fazem isso e seguem o percurso.

Líderes não transferem para amanhã o que podem decidir hoje.

# Líderes amam as pessoas.

"Você pode dar sem amar,
todavia você não
pode amar sem dar."

– Mark Graham

## CARIDOSO

É possível ser um chefe sem ser severo com seus subordinados. Mas você não pode ser um líder sem se preocupar com seus sócios. Por quê? Ninguém o seguirá! Líderes não usam as pessoas para realizar uma meta. Eles têm preocupação genuína com os membros da sua equipe.

Muitas pessoas têm idéias boas. Muitas pessoas são gerentes efetivos. Mas esses que sobem para se tornar os líderes são os que amam as pessoas e são amados de volta. Os sócios têm que saber que o líder está verdadeiramente interessado nas coisas que lhes causam preocupação. Eles não são robôs que precisam polir, mas seres humanos que precisam abraçar.

Líderes não têm nenhum medo de puxar seus sócios para o seu círculo de aceitação. Eles respeitam a precisão de espaço, mas estão dispostos a atravessar as linhas emocionais imaginárias que separa o pessoal e os subordinados no fluxograma organizacional.

Qual é a diferença entre um chefe e um líder? O chefe tem empregados. O líder desenvolve líderes. Os seus seguidores sabem que o líder cuida deles, de suas famílias e de seu futuro.

Líderes são inclusivos, não exclusivos.

**sempre envolvem os outros.**

"A boa liderança está motivando e mobilizando os outros para executar uma tarefa ou para pensar em meios que são para benefício de todos os interessados."

– Don Page

## ENVOLVIMENTO

Há uma razão por que Sra. Thornapple dá uma parte do seu tempo nas peças de Natal. Ela sabe que todos os pais — e a maioria do avós vem assistir a performance de sua criança. Envolvimento cria sucesso. Maior envolvimento cria um sucesso maior ainda.

Os melhores líderes não estão interessados em levar crédito, assim não acumulam responsabilidade. Estão interessados em alcançar a meta, assim envolvem tantas pessoas quanto eles puderem. Sabem que responsabilidade compartilhada envolve aprendizagem e experiências crescentes por seus sócios. Um constante amontoado de pessoas não faz um time de campeonato. Tempo de prática e jogo são onde a experiência é ganha. A perfeição é formada no pátio ou no campo. Não acontece nas arquibancadas ou sobre o banco.

O tordo limpa seu ninho assim que seu filhote possa testar suas asas. O vôo pode ser aterrorizante no princípio, mas as viagens dos tordos para novos horizontes começam lá. Se a mãe tordo continua fazendo todos os vôos e juntando a comida, o jovem nunca aprenderá o prazer do risco ou a responsabilidade.

Líderes reais criam um sistema aberto para envolvimento.

# Líderes pensam criativamente.

"Imaginação é o início da criatividade."

– George Bernard Shaw

## CRIATIVIDADE

Líderes não desenvolvem novas idéias. Eles *vivem* novas idéias! Se há um modo convencional de conduzir um problema, um grande líder pensará desse último. O que é novo? O que é diferente? O que não foi terminado? Essas são as perguntas que um líder faz.

Líderes são pessoas criativas. Eles vêem coisas que não existem e os trazem a vida. Estão contentes para trabalhar em terra fresca. Não precisam do experimentado e testado. Estão dispostos a ir onde ninguém mais foi antes. São como os primeiros a ir à lua.

Líderes criativos estão dispostos a sacrificar o imediato por causa de amanhã. Nenhum preço é muito grande para ver o nascimento dos seus sonhos. Eles estão dispostos a trabalhar debaixo do calor do sol para plantar sementes de promessa. Nuvens e chuva não os intimidam.

Líderes criativos estão dispostos a usar métodos que não foram provados. Eles se deleitam em fundir idéias novas e princípios com pessoas em uma união recente para alcançar as suas metas.

Líderes olham para a vida através dos binóculos da possibilidade.

# Líderes são dirigidos a objetivos.

"Nós podemos fazer qualquer coisa que quisermos desde que sustentemos isso."

– Helen Keller

## CONDUZIR

Líderes gostam de alcançar o destino. Eles podem desfrutar da viagem, mas desfrutam mais da chegada. Os líderes são as pessoas que gostam de verificar todos os itens da lista, e pressionam para adquirir mais uma tarefa realizada ao término do dia.

Líderes fixaram suas visões em uma meta, e entendem claramente que alcançar aquela meta é crucial para realizá-la. São dirigidos a se esforçarem para chegar aonde eles acreditam que estão indo.

Líderes têm uma fonte interna de refrigério. Perfuraram pela terra arenosa às fontes espirituais. Mantêm o oleoduto de inspiração aberto, e puxam livremente até que as suas almas sejam rejuvenescidas com força nova.

Líderes são guias que indicam as marcas de milha e o objetivo da sua equipe. Eles procuram modos criativos para manter o propósito e o plano antes dos seus associados. E estão inquietos até que o objetivo seja alcançado.

Líderes correm até romperem a fita.

# Líderes são construtores de equipes.

"Vir junto é o início; manter-se junto é o progresso; trabalhar junto é o sucesso."

– Henry Ford

# TRABALHO DE EQUIPE

Corredores de maratona são os atletas rigorosos. Mas normalmente não são os líderes; eles competem sozinhos. Liderança é um esporte de equipe. Significa motivar todo o mundo envolvido alcançando a meta. Líderes fazem mais que os indivíduos diretos. Constroem uma equipe. Eles juntam as forças separadas e habilidades de indivíduos e os incorporam em uma unidade de trabalho. Líderes têm metas pessoais e metas incorporadas. Esforçam-se para superar individualmente, mas o seu maior deleite é ajudar a equipe inteira a alcançar.

Líderes entendem a importância da boa comunicação. Sabem que o propósito da equipe é um mero papel até que os membros da equipe o internalizem. Reconhecem que sem a interação dos membros da equipe, será deslocado o trabalho e os trabalhadores serão divididos.

Os líderes constroem moral e criam a comunidade. Eles mantêm o humor positivo. Elogiam e louvam os esforços individuais e da equipe. Celebram vitórias e retrocessos compartilhados. Reconhecem realizações excelentes porque sabem que impelindo um dos membros da equipe empurrará o resto da equipe para alcançar mais.

Liderança é uma parte líder e nove partes equipe.

# Líderes são altruístas.

"Pessoas que vivem por elas mesmas nunca são bem-sucedidas em satisfazer a si mesmas ou a qualquer outra pessoa."

– Trumbull

## HUMILDADE

Um líder que está procurando crédito será logo um artista de solo. Nenhuma equipe seguirá verdadeiramente um líder egoísta. Podem estabelecer um regime de trabalho, mas trabalharão sem real respeito. Os melhores líderes mostram aquela virtude raramente vista — a humildade. Descobrem valor real em termos da sua habilidade para gerar excelência da equipe.

Eles não se importam com quem irá adquirir o elogio, contanto que o trabalho seja feito. Ações levam precedência sobre louvores. Metas são mais importantes do que ouro. Rédeas são suplementares para corrigir comportamento. Grandes líderes não chamam a atenção para eles mesmos. Expressam a sua avaliação para as contribuições de outros.

Estão dispostos a colocar a missão à frente dos próprios desejos. Eles descobriram a maior alegria de dar suas vidas para algo que vale a pena. O propósito, missão e objetivos da organização são supremos, enquanto as personalidades e realizações pessoais do líder são secundárias. O que eles fizeram como indivíduos é de longe menos importante do que fizeram para ajudar os outros a terem sucesso.

Maior o líder, menor o ego!

# Líderes pedem direção.

"A palavra, a seu tempo, quão boa é!"

– Provérbios 15.23

## CONSELHO

Líderes bons não tentam ser os peritos em toda área. Líderes reconhecem que eles *não sabem*. Entendem as limitações da sabedoria e experiência deles, mas estão dispostos a preencher as aberturas pedindo direções dos outros. Sabem que têm habilidades, mas também sabem que estão dentro do alcance de uma pergunta de habilidades até mais largas. Percebem que os ventos de tecnologias variáveis os assoarão a menos que achem um recurso fresco para aprender.

Pessoas que não pedem conselho cometem erros desnecessários. Líderes não são tímidos a respeito de pedir conselho. Eles cultivam os conselheiros. Trabalham para desenvolver uma rede de associados que serão capazes de plugar módulos de habilidade e experiência em suas vidas.

Eles começam a sua busca por conselho em casa. São sensíveis às habilidades e experiência dos seus próprios associados. Buscam contribuição da equipe e fazem perguntas. Sabem que não há nenhuma vergonha em ser ignorante, mas é um crime ser negligente.

Os líderes mais sábios são aqueles com os conselheiros mais sábios.

# Líderes acreditam em vantagens mútuas.

"Você pode alcançar tudo o que quiser se ajudar o suficiente os outros a alcançar o que eles querem."

– Zig Ziglar

## MUTUALIDADE

Sucesso não é um empreendimento de soma zero. Os líderes bons sabem que a realização deles não requer fracasso para outra pessoa. Há sucesso mais que suficiente para passar. Os líderes mais efetivos são aqueles que acreditam que o sucesso deles pode ajudar os outros a também alcançar as suas metas. Eles acreditam no poder da vantagem mútua.

Líderes perguntam: "O que posso fazer por você?" Eles entendem que ajudando os outros, estão se beneficiando. Serviço é um investimento que paga mais do que meios monetários. Paga em desenvolvimento de caráter. Paga em influência e em relacionamento. Dar é um investimento de curto prazo que paga dividendos a longo prazo.

Líderes perguntam: "O que podemos fazer juntos?" Trabalho de equipe é uma situação de vantagem mútua. Trabalhando como um time, os líderes ganham das habilidades de outros. Primeiro, ganham o conhecimento dessas habilidades. Trabalhando com outros os ensina como a tarefa é realizada. Segundo, ganham o efeito dessas habilidades. Eles compartilham a aclamação trazida ao time pela efetividade de seus membros. Isto é uma situação de vantagem mútua.

Líderes perguntam: "Como isto pode nos beneficiar?"

# Líderes tornam-se familiarizados com a equipe.

"Ser rico em amigos é ser pobre em nada."

– Lílian Whiting

## RELACIONAMENTO

É impossível conduzir a distância. Líderes bons caminham ombro a ombro com o time. Sabem que necessariamente não têm que se tornar "um da gangue", mas levam tempo para ser familiarizado com os seus associados.

Líderes encontram meios para criar um relacionamento com a equipe. Lembram-se de nomes, se ajuntam em conversações, e tomam parte nos eventos sociais da equipe. São tão dispostos em compartilhar um sorriso bem como uma lágrima, alegrando-se com aqueles que se alegram e afligindo-se com aqueles que se afligem. Reconhecem o retrocesso de um membro da equipe com compaixão e reconhecem a realização de um membro da equipe com louvor.

Líderes não têm nenhum medo de arregaçar as mangas. Sabem que alguns dos seus mais valiosos relacionamentos serão vencedores nas trincheiras. Os seus associados aprendem pelo trabalho de equipe mútua de que ninguém está acima das metas e objetivo da organização. Eles aprendem que o trabalho só será feito quando o time trabalhar junto em unidade.

Líderes sabem a importância de conseguir conhecer a sua equipe.

# Líderes aceitam um bom *feedback*.

"O sucesso em qualquer área requer constantemente um reajuste de seu comportamento como um resultado de *feedback*."

– Michael Gelb

## FRANQUEZA

A pessoa que diz a você que o seu erro está aparecendo antes de você levantar para discursar uma audiência, não é seu inimigo. Essa pessoa é sua amiga. Líderes entendem a diferença entre avaliação útil e crítica rancorosa. Dão boas-vindas ao antigo e ignoram o moderno.

De certo modo, líderes são peritos em sondar a opinião pública. O sucesso deles depende do favor das pessoas. Por conseguinte, querem saber como as marés de opinião estão fluindo. Sempre estão buscando meios para ter um impacto no "mercado" deles. Por exemplo, quando o relatório não comunica claramente, querem saber por quê. As sugestões úteis de seus associados são a construção de blocos de sucesso, não tropeçando nos blocos do negativismo.

Líderes avaliam "relatórios de campo." Não querem perder tempo com um princípio ou tecnologia que não faz a organização avançar. Crítica construtiva não flui seu apoio sem efeito algum. Eles juntam e ordenam isso para ver se tem o potencial para crescer em excelência.

Líderes estão mais interessados em corrigir os problemas do que passar a culpa.

# Líderes fornecem recursos para realizar o trabalho.

"Um bom objetivo da liderança é ajudar aqueles que estão fazendo insuficientemente a fazerem bem e ajudar aqueles que estão fazendo bem a fazerem igualmente melhor."

– Jim Rohn

## CAPACITANDO

Navios foguetes não são construídos por super-heróis. São construídos por pessoas ordinárias a quem foram dados o treinamento certo, habilidades, e equipamento para realizar o trabalho. Líderes são aqueles que reúnem as pessoas e recursos.

Uma força de vendas precisa de um produto. O líder tem certeza de que está em provisão pelo desenvolvimento do conceito ou do artigo de vendas, agregando o plano de marketing, e equipando o vendedor com treinamento em apresentação e técnicas de vendas.

Um programador precisa de dados. O líder mantém o fluxo de informação encabeçando na direção do programador. Um líder entende que parte da sua responsabilidade está interrompendo as condições que retardam o processo. Pela atenção rápida para a falta de fluxo, o líder ajuda a eliminar tensão do trabalho e a divergência entre os associados.

Líderes tornam os outros aptos a trabalhar provendo recursos. Soltam o poder criativo da equipe provendo as ferramentas certas. Fazem da educação contínua uma prioridade encorajando seus associados a desenvolverem as suas habilidades em *on-site* e *off-site* treinando oportunidades.

Líderes mantêm a fonte de recursos disponível fluindo livremente.

# Líderes claramente definem as obrigações do trabalho.

"As pessoas têm um desempenho melhor quando as regras da liderança são definidas."

– Stan Toler

## EXPECTATIVAS

Uma boa equipe fará tudo o que lhe for pedido para fazer. Mas os membros da equipe têm que saber o que é que estão lhes pedindo que façam! Este é o trabalho do líder para definir expectativas. Muitos membros da equipe são ineficazes e improdutivos simplesmente porque não têm nenhum foco claro. Estão dispostos, e são capazes. Não entendem o que é esperado deles.

Um líder bom deixa todo membro da equipe saber exatamente o que as suas responsabilidades são. Primeiro, um líder comunica claramente o propósito para a tarefa. Segundo, ele ou ela esboçam uma descrição do cargo claramente. Os associados têm que entender os papéis deles em ajudar a organização a alcançar suas metas. Áreas de responsabilidade são soletradas para evitar superposição e equívoco entre membros da equipe.

Produtividade depende de responsabilidade, e responsabilidade começa com expectativas. Líderes bons dão para a equipe uma oportunidade para trazer a informação. Sabem se uma tarefa está em aberto, nunca pode ser completada. Os líderes formam as fronteiras da responsabilidade e servem como uma "patrulha de fronteira" para ter certeza de que o projeto é realizado dentro dos limites da fronteira.

As expectativas do líder nunca excedem suas explicações.

# Líderes celebram as significantes realizações.

"O talento não faz de você bom a não ser que ele seja reconhecido por mais alguém."

– Robert Half

## RECONHECIMENTO

Líderes celebram os passos gigantescos tomados pela equipe deles. Reconhecem as significantes realizações ao longo da viagem. Quando o mais novo membro da equipe completa o treinamento, os apitos sopram. Quando a primeira parte dos objetivos é satisfeita, os balões sobem. Quando a meta é alcançada, é feito um almoço para comemorar. Líderes bons aproveitam toda oportunidade para reforçar o progresso da equipe.

Líderes entendem a importância do reconhecimento. Sabem que aquele que se sente apreciado por seu esforço realiza um trabalho bem feito. Os líderes não esperam pela festa de aposentadoria para distribuir rosas. Fazem isso de modo regular. Aquela melhora no currículo do membro da equipe não passa desapercebida. Todo passo escada acima é notável (e merecedor de uma nota).

Líderes estão constantemente tremulando a bandeira que diz: "Nós estamos na trilha certa!" Sabem que as expressões verbais, escritas, tangíveis da aprovação deles impulsionam a equipe para frente. A moral se eleva conforme cada membro percebe que a vitória dele está ajudando puxar a comitiva.

Líderes são líderes da torcida.

# Líderes reconhecem a excelência da equipe.

"O melhor líder faz sobressair o melhor naqueles sobre os quais ele administra."

– J. Richard Clarke

## ELOGIO

Bons artistas não trabalham apenas por dinheiro. Também são incentivados por um desejo interno para alcançar. Trabalhadores que se preocupam com a excelência têm uma fonte interna de inspiração. São dirigidos para fazer o seu melhor por uma ética obviamente tão rara que poucos buscam adotar isso. Os bons líderes sabem quando acharam esses excelentes investigadores, e puncionam os seus recursos escondidos elogiando as suas realizações.

Os líderes sabem quais membros da equipe são superiores, fora do comum. Artistas de ponta normalmente são os primeiros na linha e o último a sair. Normalmente são os últimos a reclamarem e os primeiros a cooperarem. Não são incomodados por uma tarefa, porque já sacrificaram a conveniência pela maior causa.

Líderes entendem o valor das falas de meio-tempo. Mas eles sabem que a crítica construtiva é melhor quando misturada com encorajamento construtivo. Entendem a teoria de liderança que expande o desempenho na proporção ao elogio no que foi vertido. Quando a equipe for caminhar a milha extra, o líder irá além para reconhecer o sacrifício.

Líderes têm uma percepção para excelência.

# Líderes se focam na missão.

"Um bom líder persiste no foco. Controlar o seu destino é melhor do que ser controlado por ele."

– Jack Welch

## FOCO

Distrações são a ruína do líder ineficaz. Como um cão de caça que persegue dois coelhos de uma vez, o líder improdutivo muda freqüentemente as direções. Por conseguinte, os seus seguidores são confundidos e frustrados. Nunca sabendo exatamente o que fazer, eles normalmente acabam não fazendo nada.

Mas os líderes produtivos têm um único foco. "Perseguem" uma coisa de cada vez. Estreitaram a atenção. Sabem o que precisam para terminar, e também o que terão de fazer para realizar isso. Miraram na missão.

Eles também sabem quais recursos estão disponíveis para levar a cabo a missão. Sabem como juntar força de trabalho para a tarefa. Líderes focados normalmente não faltam os seguidores. Pessoas com uma mente para trabalhar gravitam naturalmente para alguém que pode lhes dar boas direções.

Os líderes efetivos entendem que as habilidades da equipe são necessárias. Reconhecem quem são os especialistas da equipe, e entendem quais são os talentos individuais mais indicados para a tarefa.

Líderes efetivos não estão interessados em fazer dez coisas boas. Eles querem fazer uma coisa e fazer isso certo.

# Líderes compreendem a definição de função.

"Aprender é um tesouro que acompanha o seu possuidor em toda parte."

– Provérbio Chinês

## PAPEL

Coloque um atacante cara a cara com um goleiro, e você entenderá por que os jogadores de futebol têm posições claramente definidas. Os líderes não apenas entendem sua própria função — o papel deles —, mas também conhecem os papéis dos outros membros de sua equipe.

Parte da tarefa do líder é ajudar cada membro da equipe a entender o seu lugar dentro da equipe. Líderes bons deram para este antigo provérbio, um novo significado: Um lugar para todos e todos em seu lugar. Da mesma maneira que o jogador mestre de xadrez sabe como cada peça funciona em sua posição no tabuleiro, os líderes sabem como combinar a pessoa com a posição. Entendem a posição. Não nomeiam os membros da equipe para uma responsabilidade que não é entendida claramente.

Então treinam a equipe. Bons líderes nunca pedem as pessoas para atuar de modo que não sejam equipados para servir.

Líderes sabem como colocar as pessoas em suas melhores posições.

# Líderes estão dispostos a pedirem perdão.

"O preço da grandeza é a responsabilidade."

– Winston Churchill

## RESPONSABILIDADE

Bons líderes agem responsavelmente. Não precisam ser repreendidos quando estiverem errados. Com mais freqüência, eles lhe falarão. Manifestam em suas próprias vidas a franqueza e honestidade pessoal que esperam dos seus associados.

Líderes não podem se dar ao luxo de ficar na defensiva a respeito do fracasso pessoal. Muitas outras coisas estão em jogo para se preocupar sobre como preservar a dignidade e o prestígio de alguém. O membro da equipe que gasta uma quantia irregular de tempo refletindo no último lance é aquele que provavelmente não terá a coragem para executar o próximo.

Líderes assumem responsabilidade pelas suas ações. Estão dispostos a conferir a lista de suas próprias atitudes e motivações para ver se são a partícula de areia na maquinária que a impeça de correr suavemente. Estão dispostos a fazer o sacrifício pessoal para o bem-estar geral da organização.

"Eu estava errado." "Eu sinto muito." As sentenças são bem pequenas, mas são altamente significativas. E causarão um impacto maior do que uma longa fala sobre moral e esforço da equipe.

Líderes são os pacificadores.

# Líderes multiplicam a sua efetividade pela instrução de líderes em potencial.

"Não há nada treinando que não possa ser feito. Nada está acima do seu alcance."

– Mark Twain

## MULTIPLICAÇÃO

Líderes ampliam o seu trabalho através da multiplicação, e não só pela adição. Um líder experiente sempre está à procura de um talentoso recém-chegado. Os líderes sabem que são limitados pelo tempo e espaço para satisfazer todas as necessidades da organização. Entretanto, acrescentar um trabalhador pode não ser o bastante. Novas equipes terão de ser formadas. Novos trabalhadores terão de ser recrutados. Uma das primeiras lições de liderança é que uma pessoa não pode fazer tudo. Mas tudo o que precisa ser realizado *pode* ser realizado pelo recrutamento, treinamento e capacitação dos outros.

A meta de todo líder deveria ser treinar a sua substituição. A efetividade da organização depende de multiplicar sua liderança. É aritmética simples. "Você assume aqui, e eu começarei uma nova equipe lá adiante." Qual é o resultado? "Ontem havia dez de nós. Amanhã haverá vinte." Como isso afetará a organização? "Ontem nós fizemos apenas *este tanto,* porque havia poucos de nós assim. Hoje e amanhã nós faremos *outro tanto,* porque há mais de nós."

Líderes gastam tempo recrutando líderes.

# Líderes selecionam os membros da equipe que trabalham bem com os outros.

"As realizações de uma organização são o resultado de esforços combinados de cada indivíduo."

– Vince Lombardi

## COMPATIBILIDADE

A declaração: "Você não pode misturar óleo e água", é uma lembrança difícil. Freqüentemente essa expressão vem dos campos de batalha de relações interpessoais. Cooperadores discordaram em cima de políticas ou métodos. Compartilharam uma tarefa, mas elas não são semelhantes. Um líder precisa fazer escolhas importantes quando construir uma equipe. Algumas pessoas trabalham bem com outras. Outras não. O trabalho do líder é achar as combinações certas de personalidade, habilidade e zelo.

Algumas pessoas muito talentosas não trabalham bem com outras. São os artistas solitários. Alcançarão mais sozinhos do que se tiverem dois assistentes.

Outros trabalham como bois. São melhores quando emparelhados. Gostam da camaradagem do ambiente de trabalho. Deleitam-se da companhia de outros. Trabalham melhor quando são atrelados com um ou mais membros da equipe.

Os líderes sábios reconhecem estas características e constroem o time adequadamente. Não tentam fazer uma "pessoa comunicativa" a partir de um "lobo solitário". Ligam os artistas com pessoas que possuem forças complementares para realizar o seu propósito.

Líderes bons são os casamenteiros.

# Líderes empenham-se em compreender a química.

"Líderes sempre encontram um meio de fazer as coisas acontecerem."

– John Maxwell

## QUÍMICA

Se cultivado ou inato, os líderes têm uma compreensão da psicologia da equipe. Observam a dinâmica do grupo. Eles entendem o "pensamento em grupo" nas suas equipes. Sabem o que motiva as pessoas à excelência, e percebem o que impede o seu progresso.

O líder sabe quando os membros da equipe precisam de encorajamento e quando necessitam de descanso. Está alerta aos sinais de fadiga e tensão. O líder sabe quando uma "pausa" colocará a equipe "para avançar". Ele ou ela também entende o poder de uma *palavra* boa impelindo a equipe a um bom *trabalho*.

O líder também sabe quando encorajar e quando reprovar. Conhecendo as fraquezas e as forças dos membros da equipe, o líder sabe quando estão desempenhando o seu melhor ou trabalhando abaixo disso. O reconhecimento hábil daquele esforço, ou falta de esforço, pode ser um grande motivador.

Chame isso de psicologia de R$ 1,99, os melhores líderes sabem o que faz a equipe carrapato — e eles usam esse conhecimento para orientar os membros à meta.

Líderes sabem quando empurrar e quando puxar.

# Líderes valorizam a diversidade da equipe.

"Melhor é serem dois do que um, porque têm melhor paga do seu trabalho. Porque, se um cair, o outro levanta o seu companheiro; mas ai do que estiver só; pois, caindo, não haverá outro que o levante."

– Eclesiastes 4.9,10

## SINGULARIDADE

Pessoas são como flocos de neve. Não há dois semelhantes. Um líder bom entende aquele conceito e trata os membros da equipe como indivíduos. Liderança vibrante evita a administração "cortador de biscoito". Algumas pessoas não serão postas em um molde. Eles interiormente se rebelam na melhor das hipóteses e se revoltam abertamente na pior.

A mesma coisa que estimularia um trabalhador à excelência poderia induzir um outro trabalhador a questionar a sua habilidade. Você poderia levar uma aproximação direta com um associado, mostrando áreas fracas que precisam ser fortalecidas. A mesma aproximação de crítica-direta com outro membro da equipe pode resultar em desânimo e desconfiança. Um líder bom não oferecerá ao Bob o mesmo encorajamento que motiva ao John. Um líder bom não pedirá a Jane que trabalhe para receber a mesma recompensa que Jill.

Os líderes entendem que as pessoas são diferentes e fazem disso um ponto para entender aquela singularidade em seus membros da equipe. Alguns chamariam que uma boa técnica de administração. Bons líderes pensam nisso como cortesia comum. Tratam os outros como gostariam que eles mesmos fossem tratados.

Líderes sabem que um tamanho não ajusta tudo.

# Líderes sabem como estimar o valor de seus esforços.

"O que acontece para um homem é menos significante do que aquilo que acontece dentro dele."

– Louis L. Mann

## AUTO-AVALIAÇÃO

Nem parabéns nem crítica deveriam surpreender um líder. Isso porque nenhum amigo ou caluniador pode dizer qualquer coisa que o líder já não saiba. Líderes que se examinam evitarão ser balançado por lisonja ou feridos por crítica. Conhecem as suas forças e fraquezas. Sabem quando estão em um modo de sucesso, e sabem quando estão encabeçando na direção errada.

Eles podem aceitar elogio sem ficar convencidos. Reconhecem que muitas de suas realizações vêm das contribuições dos seus associados. Quando aceitam o aplauso de outros, estão intimamente estendendo uma mão para os membros da sua equipe.

E podem ouvir críticas sem se ofender. Considerando que eles têm um grande senso de propósito e direção, crítica construtiva só pode ajudar a impeli-los para os seus objetivos.

Bons líderes estão confortáveis na sua própria pele. Sabem o que é verdade sobre eles, e não se importam de ouvir isso. Também conhecem a sua fraqueza, e assim escutam as sugestões que os ajudarão a cumprir o seu papel de liderança.

Líderes são honestos com eles mesmos.

# Líderes comemoram os dias especiais dos membros da equipe.

"A não ser que nós pensamos dos outros e façamos alguma coisa por eles, nós perdemos uma das maiores fontes da felicidade."

– Ray Lyman Wilbur

## COMUNIDADE

Aniversários, graduações, nascimentos — esses eventos marcam a passagem da vida. Bons líderes estão atentos às fases da vida dos membros da sua equipe. Celebrando esses dias especiais, afirmam o valor dos seus associados.

Não é difícil. Por exemplo, o escritório enviar um cartão expressando bons desejos não é uma tarefa administrativa. É um modo tangível de dizer: "Eu me preocupo com este incidente em sua vida porque me importo com você". A festa de aniversário de escritório não é uma desculpa para parar o trabalho. É uma atividade de construção da equipe. É um incentivador de moral. Reconhecendo a significante realização, o líder está mostrando para a pessoa honrada e para os participantes presentes que eles são importantes em nível pessoal, não só em nível organizacional.

Nascimentos, mortes, casamentos — por serem eventos tão importantes na vida da equipe da organização, os líderes efetivos fazem disso uma prioridade. Se uma visita pessoal for possível, é mais importante do que um "momento" no canal de televisão Hallmark. Toda oportunidade para celebrar uma realização ou transição de vida comunica preocupação para a equipe.

Líderes sempre estão alertas aos "momentos preciosos" dos seus associados.

# Líderes repreendem calmamente.

"Líderes elogiam em voz alta e repreendem brandamente."

– Catherine a Grande (adaptado)

## DIPLOMACIA

De vez em quando, o melhor interesse da organização é satisfeito pela reprimenda do líder a um associado. Como aquela tarefa é controlada é uma marca de liderança efetiva. Há um antigo provérbio que diz: "Não use um machadinho para remover uma mosca da testa de seu amigo".

Líderes efetivos são diplomáticos. Enquanto elogio é feito para os outros ouvirem, a repreensão é feita secretamente. Nunca repreendem ou depreciam os seus associados. A crítica deles sempre é embrulhada em uma manta de bondade. Raramente o tratamento severo de um membro da equipe resultará em um desempenho melhor. Amargura, não "o melhor", normalmente é o resultado.

Os líderes também sabem que a crítica é mais efetiva quando intercalada entre elogios. Reconhecer as boas qualidades de um associado torna a lembrança de uma área do problema mais fácil de digerir.

A crítica é feita sempre para propósitos redentores. É elevar o nível de desempenho do membro da equipe — apontar a fraqueza em vez de transformar isso em uma força.

Um bom líder protege o amor-próprio da equipe.

Líderes ouvem e respondem.

# Líderes ouvem e respondem

"O que atenta prudentemente para a palavra achará o bem, e o que confia no Senhor será bem-aventurado."

– Provérbios 16.20

## RECEPTIVIDADE

Todos os líderes escutam — cedo ou tarde. Líderes bons escutam cedo. São suscetíveis à avaliação honesta e sugestões boas.

Líderes escutam seus "clientes". Se em negócio ou ministério, sabem que têm um produto para vender ao público. O que quer o cliente? Líderes efetivos não só escutam, respondem caminhando a milha extra, tentando satisfazer as necessidades do cliente.

Líderes escutam a sua equipe. O que os membros da equipe precisam? Quais são as sugestões deles para a maior eficiência organizacional? Como estão em relação à liderança? Um para o outro? Escutando cuidadosamente e respondendo, o líder pode fazer melhorias rápidas que afetarão a organização dramaticamente.

Líderes escutam outros líderes. Como um jogador de golfe que aprende desde o início a bater levemente na grama, um líder "vai à escola" na experiência de outros.

Líderes escutam seus próprios instintos. Entendem aqueles "sentimentos internos" são freqüentemente barômetros seguros. Aprendem a responder à sua voz interna e tomar posições que às vezes vai contra, até mesmo, à natureza da organização.

Líderes têm ouvidos para ouvir.

# Líderes são autocontrolados.

"Campeões não se tornam campeões no campo — eles são meramente reconhecidos lá."

– Bob Costas

## DISCIPLINA

Líderes efetivos sabem como se disciplinar a fim de alcançar as suas metas. Líderes ineficazes colocam o seu conforto ou interesses pessoais acima da missão. Os seus esforços são esporádicos, e, subseqüentemente, o seu recorde de realização é diversificado.

Líderes efetivos têm hábitos de trabalho disciplinados. São seguros, pontuais, consistentes e confiáveis. Os líderes sabem como focalizar em um projeto, evitam distrações, e se orientam a uma meta declarada.

Líderes efetivos têm hábitos pessoais disciplinados. Sabem que sobriedade, moderação, e até mesmo temperamento são qualidades de caráter que os beneficiarão ao longo das suas vidas; assim trabalham nestas qualidades. Tomam cuidado com seus corpos. Eles se exercitam. Comem sabiamente. Descansam bastante.

Líderes efetivos têm hábitos espirituais disciplinados. Passam tempo em reverente reflexão e adoração. Lêem livros de inspiração e ouvem músicas inspiradoras. Lêem a Bíblia. Passam um tempo falando com Deus em oração.

Disciplina não é opcional. Os líderes reconhecem que um esforço fixo, contínuo é necessário para realizar a missão.

Líderes aplicam rédeas curtas neles mesmos.

# Líderes realmente preocupam-se com as pessoas.

"As pessoas não se importam o quanto você sabe até saberem o quanto você se importa."

– Howard Hendricks

## ATENCIOSO

Líderes se interessam pelos seus seguidores. Para um líder bom, construir uma equipe é a prioridade do dia. Depois do compromisso espiritual, um compromisso com os outros é uma qualidade primária da liderança. Sabedoria e habilidade são necessárias, mas sem uma habilidade para relacionar-se com os outros de um modo atencioso, o impacto do líder será insignificante. Líderes se importam com as preocupações dos outros.

Eles se preocupam com o bem-estar pessoal dos seus associados e se relacionam com eles em um nível pessoal. Não sabem apenas os seus nomes, conhecem os seus gostos e desgostos. Conhecem os seus passatempos. Sabem de onde eles e para onde eles vão; conhecem os motivos; e sabem tanto sobre os seus planos futuros o quanto possivelmente puderem saber.

Percebem que cada um dos seus associados tem uma família extensa. E que família extensa tem realizações ou retrocessos que afetarão diretamente a atitude do associado. Expressando um interesse na família extensa, o líder expressa uma preocupação pessoal que o prende ao membro da equipe.

Líderes gostam das pessoas.

# Líderes reconhecem suas fraquezas.

"Um homem honesto é o mais nobre serviço de Deus."

– Alexander Pope

## TRANSPARÊNCIA

Bons líderes não têm nenhum medo de admitir sua fraqueza. Na realidade, examinam-se honestamente para identificar as áreas de necessidade. Sendo transparente em relação a eles mesmos, podem se focar em transformar as suas fraquezas em forças.

Líderes efetivos não têm de ser certo todo o tempo. Não controlam extravagâncias. São bastante humildes para reconhecer as suas realizações e admitir quando foram uma parte do problema em lugar da solução.

Líderes efetivos estão dispostos a reconhecer as coisas que eles não sabem. Na alta expansão da sociedade de hoje, preceitos e métodos mudam quase que diariamente. Líderes tentam nadar nas correntes daquela tecnologia já ultrapassada.

Também, líderes efetivos estão dispostos a reconhecer as coisas que não podem fazer. Não *temem* incompetência; apenas lutam com isso. Constantemente estão desenvolvendo as suas habilidades e estão criando soluções para os velhos problemas.

Líderes efetivos não têm nenhum medo de pedir ajuda. Fazendo assim, não só abrem a porta da automelhoria, mas também ganham força pessoal.

Líderes moram na zona de construção.

# Líderes são servos.

"Ser envergonhado para morrer até que você tenha feito alguma coisa para a humanidade."

– General Douglas MacArthur

## SERVIÇO

Muitas pessoas vêem o líder como a pessoa superior — aquela com prerrogativas, os privilégios, e o elogio. Isso é um mito. A verdade é, os líderes estão na base da pirâmide. É o líder que agüenta responsabilidade pelo grupo, não vice-versa. É o líder que tem que formar a cadeia de produtividade usando as verdadeiras ligações humanas de associados e membros da equipe. A pressão do serviço está sobre o líder.

É o líder que deve tomar as decisões duras, decidindo rápido e cuidadosamente quem vai e quem permanece, ou tomando as decisões dolorosas que impedem o fluxo de dinheiro. É o líder que deve assegurar que são satisfeitas as necessidades do grupo e que é responsável para fazer o trabalho ou ambiente de ministério feliz ou terrível. O líder tem de ir a milha extra se a organização está indo mais longe na estrada.

O líder é um servo de todos, não o maior de tudo.

# Líderes tiram tempo para suas famílias.

"É um pai sábio aquele que conhece o seu filho. Mas possivelmente é um filho mais sábio aquele que tira tempo para conhecer seu pai."

– Anônimo

## FAMÍLIA

Líderes bons não constroem um império nas costas dos seus filhos. Eles reconhecem que a sua responsabilidade para com a família tem de vir antes dos seus compromissos pela vocação, ou até mesmo o seu desejo pelo sucesso. Líderes entendem que a felicidade de seus lares influencia diretamente a felicidade do seu trabalho. Assim fazem o tempo e o esforço para contribuir com aquela felicidade.

Líderes gastam um tempo comunicando-se com os seus cônjuges. Não deixam as suas orelhas ouvindo no escritório. Compartilham os sonhos, atualizam os cônjuges a respeito dos seus planos organizacionais, e buscam o conselho dos cônjuges. Tratam os cônjuges melhor do que os seus associados mais confiáveis.

Líderes estão disponíveis para os seus filhos. Sabem quando deixar o escritório e ir ao parque. Sabem como apertar o botão de pausa nos seus planos e produtividade. Líderes dão mais do que uma simples atenção a aniversários e boletins escolares. Não enviam os representantes ao jogo escolar.

Líderes têm certeza de que, de todas as pessoas que competem pela a atenção deles, a família tem a prioridade.

Líderes protegem a base do lar.

# Líderes permanecem atualizados.

"Como uma regra, aquele que tem mais informação terá o maior sucesso na vida."

– Disraeli

## CONHECIMENTO

Havia um fazendeiro que fixou este sinal na cerca de seu pasto: "Invasores são bem-vindos. Desde que cruzem o campo em 9.9 segundos. O touro pode fazer isso em dez!" Nesta era de rápidas mudanças de informação, é fácil ser deixado para trás. Líderes tentam ficar à frente dos touros estando alertas e informados.

Lêem constantemente. Aprendem como escolher a carne (o essencial) de um artigo ou uma notícia e deixar os ossos (o irrelevante). Sabem o que está nas notícias, e mantêm em diários de comércio. Sempre há um livro na mesa de cabeceira deles.

Aprendem enquanto eles estiverem em movimento. Imploram, pedem emprestado, ou compram áudios de especialistas na sua área e os ouve quando estão andando.

Eles assistem a seminários e workshops e aproveitam toda oportunidade para aprender do melhor no seu campo. Tomam notas, arquivam-nas, e então as utilizam.

Líderes têm sede por entender e perspicácia. Mas compreendem que conhecimento não é uma lagoa; é um rio.

Líderes entram na correnteza.

# Líderes são organizados.

"Ou você corre do dia ou o dia corre de você."

– J. C. McPheeters

## ORGANIZAÇÃO

Um trabalhador é responsável por uma coisa. Líderes são responsáveis por muitas coisas. Estão qualificados administrando uma miríade de detalhes. Os líderes mais prósperos são aqueles que são mais organizados.

Day planners (programas de calendário e planejador diário), pert charts (programa de computador usado para gerenciamento de projetos), e Palm top não são esquemas ou dispositivos eletrônicos. São as ferramentas de um líder próspero. São tão vitais para ele quanto o martelo é para o carpinteiro, os alicates do eletricista, ou o instrumento do afinador de piano. Os líderes efetivos os utilizam para localizar projetos, administrar tarefas e manter os seus compromissos.

Um líder bom não saberá a resposta para todas as perguntas. Mas uma coisa é certa: saberá onde encontrá-la. Descobertas uma vez feitas apenas pela procura através de caros livros de referência, estão agora somente a uma distância de um clique do mouse. A biblioteca virtual da internet nunca está fechada.

A organização não só é necessária para multitarefas, é uma qualidade definida por liderança próspera. Os gerentes modernos devem estar qualificados sabendo onde as coisas estão, mantendo-as em ordem, sendo capaz de recobrá-las em um momento de notificação.

Líderes são os descobridores e guardiões.

# Líderes fazem os encontros da equipe funcionarem.

"Tudo é criado duas vezes — primeiro mentalmente, depois fisicamente."

– Greg Anderson

## CONTROLE

Da mesma maneira que um time de esporte precisa de uma discussão nos treinos para falar sobre seus jogos e tarefas, organizações precisam de reuniões para traçar estratégias e discutir responsabilidades. Dependendo da liderança, essas reuniões ou são desfrutadas pela equipe ou elas são suportadas.

Ninguém gosta de uma reunião sem propósito. Da mesma forma, um bom líder precisa caminhar a linha distinta entre liberdade e autoridade para fazer as reuniões da equipe funcionarem.

Entretanto, há algumas características comuns de uma reunião de uma boa equipe. Uma reunião de uma boa equipe tem uma agenda do dia clara. Os líderes efetivos determinam as prioridades para a reunião e as expõem em uma ordem cuidadosamente organizada.

Uma reunião de uma boa equipe começa e termina na hora certa. Líderes efetivos fazem o seu melhor para iniciar a reunião no momento anunciado, e eles cuidadosamente trazem a discussão ao final quando se aproxima a hora do fechamento anunciado.

Uma reunião de uma boa equipe tem uma discussão focalizada. Um líder pobre abafa a discussão. Um líder mais pobre permite o diálogo para se tornar tagarela. O melhor líder tem um destino para toda reunião e ajuda a equipe a chegar lá na hora certa.

Líderes são condutores.

# Líderes atraem as pessoas fazendo alguma coisa certa.

"Pratique atos aleatórios de benevolência e atos inconscientes de graça."

– Adair Lara

## REFORÇO

Os bons líderes sabem que mais moscas são capturadas com mel do que com vinagre. Pessoas respondem melhor ao reforço positivo. Assim os líderes são rápidos para noticiar o que é bom nas atitudes e ações dos seus associados. E não só notam isso, eles mencionam isso. Encorajamento é uma das qualidades fundamentais da liderança efetiva. Líderes são encorajadores.

Estabeleceram metas claras no caminho para cada membro da equipe e oferece muitos apoios. Sempre têm uma palavra encorajadora para os esforços dedicados da sua equipe. Não ignoram atos fortuitos de dedicação.

Quando o desempenho de um trabalhador melhora, eles mostram isso. Quando um membro da equipe conhece um objetivo, oferecem felicitações imediatamente. Os líderes não supõem que todo o mundo conhece as melhorias da equipe. Fazem disso uma prática para mencionar o avanço da equipe. Eles deixam as pessoas saberem o que estão fazendo certo — especificamente. "Você está fazendo um ótimo trabalho!" tem maior significado quando são somadas particularidades, especificando: "Você está fazendo um ótimo trabalho conduzindo aquela discussão de pequeno grupo!" As particularidades são o glacê no bolo de celebração.

Líderes são os bons-sentinelas.

# Líderes trabalham mais espertos.

"Deus nos dá os ingredientes para o nosso pão diário, mas Ele conta conosco para fazer a assadura."

– William Arthur Ward

## DISCERNIMENTO

Trabalhar duro duas vezes quase nunca é a solução para um problema. Normalmente isso induz você a lugar nenhum, duas vezes, tão rápido. Os líderes procuram meios de melhorar o processo, em vez de simplesmente aumentar o esforço. Entendem o impacto negativo da fadiga nos seus corpos, mentes e espíritos. Assim discernem meios para derrotar os demônios — meios mais inteligentes para trabalhar, não duramente. Fazem as duas perguntas mais importantes em qualquer empreendimento: "*Por quê?*" e "*E se?*"

"Por que nossa produção está abaixo, até mesmo quando nossa força de trabalho está acima?" Os líderes procuram causas subjacentes, adquirindo o mesmo núcleo da produção do problema. "Quais são os obstáculos?" "Quem são os embaraços?"

"Por que precisamos deste passo em nosso processo?" Líderes procuram por superposição organizacional. Escolhem métodos que são baseados somente na tradição. Procuram atalhos que não defraudarão a organização.

Líderes também fazem a importante pergunta "E se?" "E se passássemos aquela responsabilidade para outra pessoa?" "E se eliminássemos essa tarefa?" Eles têm um olho perspicaz para o que trabalha melhor.

Líderes são os pensadores.

# Líderes autorizam e liberam a equipe.

"O melhor executivo é aquele que tem sabedoria suficiente para selecionar homens bons para fazerem o que deseja que seja feito, e autocontrole suficiente para evitar interferir enquanto eles fazem isso."

– Teddy Roosevelt

## AUTORIZAÇÃO

A maior barreira para uma liderança efetiva é o desejo de controlar os outros. O controle rígido gera baixa moral e desempenho ineficaz entre membros da equipe. Micro-administradores abafam a criatividade e habilidade natural que os companheiros de equipe trazem a um projeto.

Os bons líderes sabem que é mais fácil *autorizar* os outros do que os *comandar*. Duplicando o seu conhecimento e habilidades na vida de um associado, os líderes adquirem realização em dobro. Mas, conhecimento sem oportunidade é inútil. Associados têm de ter uma carta branca para experimentar com a sua nova perspicácia e entendimento.

Líderes buscam libertar a equipe, não prendê-la. Procuram meios para que os membros da equipe possam "experimentar suas asas". Criam oportunidades para os membros da equipe assumirem papéis de liderança. Dividem a carga de trabalho, criam novas equipes, e nomeiam tarefas. Líderes constantemente estão autorizando os seus associados para cumprir a missão da organização.

Motivação, encorajamento, inspiração, apoio — essas são as armas dos maiores generais. Eles não administram rigidamente as suas tropas. Em vez disso, os motivam a executar a missão.

Líderes dão poder às pessoas.

# Líderes entendem o comprometimento "arregaçar as mangas."

"Quando formo uma equipe, eu sempre procuro primeiro por pessoas que gostam de vencer. Se eu não posso achar nenhuma dessas, eu procuro por pessoas que não gostam de perder."

– H. Ross Perot

## TRABALHO DURO

Líderes não podem passar a responsabilidade para outro. Ela está de pé para eles até alcançarem o trabalho feito, e eles sabem disso. Mas alcançar o trabalho feito freqüentemente inclui sacrifício pessoal. Líderes entendem que o sacrifício começa no topo. Quando a equipe trabalha até tarde, aderem com eles. Quando o projeto atolar, se lançam para ajudar.

Líderes entendem que os objetivos da reunião significam mover além do papel e planejamento. Há uma necessidade de discussão. Mas o progresso no campo só acontece depois que a equipe interrompe a discussão. Esse progresso depende da cooperação da equipe — cooperação entre o líder e a equipe, e cooperação entre os membros da equipe.

Um espírito de cooperação nasceu nas trincheiras onde os líderes mostram que não têm nenhum medo de contribuir ao esforço com o seu próprio sangue, suor e lágrimas.

Trabalhando ombro a ombro com a equipe, o líder demonstra compromisso com a meta. A moral aumenta. A produtividade melhora. Os objetivos são conhecidos. Tudo isso acontece quando os líderes "arregaçam as mangas" e ficam até que o trabalho seja terminado.

Líderes não só conduzem a equipe; eles fazem parte dela.

# Líderes gratificam a excelência.

"Excelência é fazer coisas ordinárias extraordinariamente bem."

– John W. Gardner

## INCENTIVO

Os líderes bons sabem qual lado do pão está com manteiga. Entendem que o desempenho da equipe é o que assegura o seu próprio sucesso. Assim procuram excelência e recompensam isso. Líderes entendem que incentivos não só ajudam a construir a disposição de ânimo, também aumentam a produção.

São oferecidos incentivos em um nível emocional. Líderes bons tratam todo membro da equipe como um voluntário. Sabendo que altos empreendedores escolheriam trabalhar em qualquer lugar, dão para essas estrelas uma razão para ficar onde estão. Eles têm certeza de que são apreciados. Elogiam o bom desempenho deles. São amigáveis e encorajadores. Eles os chamam pelo nome e os tratam como amigos pessoais.

Também são oferecidos incentivos em um nível tangível. Oferecem gratificações quando possível e troféus de prêmio ou placas para alta realização. Celebram as significantes realizações de serviço com um jantar. Recompensam o serviço fiel com um elogio nos diários de comércio. Reservam vagas no estacionamento. Líderes estão sempre procurando o membro da equipe que caminha a milha extra.

Líderes são sonhadores.

# Líderes voam alto como as águias.

"O modo mais efetivo para alcançar certos relacionamentos é procurar pelo melhor em cada pessoa, e então ajudar esse melhor na sua mais completa expressão."

– Allen J. Boone

## REALIZAÇÃO

Um líder, por definição, está à frente dos outros. Ele é a pessoa que ascende sobre a multidão, apontando o caminho para as metas que valem a pena. É o líder que sonha grandes sonhos e faz com que se tornem realidade. É o líder que aponta o topo da montanha e leva os outros até lá.

Líderes são empreendedores que sobem a novas alturas que realizam grandes coisas. Eles não têm nenhum medo de ir aonde ninguém mais foi. Estão dispostos a abandonar o ninho, pegar a corrente sem se importar aonde possa levá-los, para arriscar tudo por um propósito maior. O vento na face deles não os impede; antes os faz escalar até mais alto.

É o líder que tem a fé para prever o mundo como sendo diferente do que é e a firmeza para fazer isso desse modo. Líderes não estão contentes com a mediocridade. Pelos olhos da fé, vêem um mundo livre dos problemas que acreditam que podem resolver, e a visão deles é contagiosa.

Líderes não têm nenhum medo de saltar.

# Líderes marcham para a missão.

"O crescimento e o desenvolvimento das pessoas é a maior chamada da liderança."

– Harvey S. Firestone

## DISPOSIÇÃO ÚNICA

Líderes bons têm uma pequena dificuldade para organizar as tarefas durante qualquer dia determinado.

"O que importa mais?" é a pergunta que eles fazem. "O que contribuirá para a missão?" eles querem saber. Tudo mais é secundário. Um líder bom é determinado em perseguir a meta. Ele não será distraído por atividades que não sejam missões focalizadas. Líderes ineficazes são atraídos por assuntos menos importantes. Eles se envolvem com o mundano às custas do mais importante. Conseqüentemente, ao perseguirem detalhes sem importância, soam como uma nota incerta aos membros de sua equipe.

Os bons líderes sabem o que tem valor, e fazem isso. As suas energias são focalizadas nas coisas que importam, aquelas que são centrais à missão da sua organização. Os seus calendários diários refletem o compromisso deles ao propósito principal. Menos tarefas são delegadas ou derrubadas.

De certo modo, se prendem a uma missão. As suas metas e objetivos refletem isso; os seus companheiros os identificam com isso; e nada pode tirá-los disso.

Líderes têm um coração limitado.

# Líderes identificam os valores essenciais.

"Não tente se tornar uma pessoa de sucesso, mas uma pessoa de valor."

– Albert Einstein

## PRINCÍPIOS

Há uma razão por que algumas organizações são marcadas pela honestidade e integridade enquanto outras não são. Em qualquer caso, isso é porque o líder fixou o tom e identificou o valor essencial para a equipe.

"Honestidade importa mais do que o sucesso." "Nós mantemos nossa palavra." "Nós acreditamos servindo os outros." Esses são os princípios de uma organização boa, princípios que foram fixados por um líder que tem modelado esses princípios à sua vida. Os líderes não podem esperar a sua organização para exemplificar princípios aos quais eles não se aderem. E não deveriam esperar isso dos seus associados.

"Vencer é a única coisa que importa." "Faça tudo que leva para alcançar a meta." Esses são os princípios de uma organização pobre, e eles provavelmente refletem os valores de seu líder. Qualidades de caráter pobre têm um modo de entrar na organização através da sua liderança.

Toda organização tem valores essenciais. Alguns são negativos e improdutivos. Outros são positivos e produtivos. O líder decide o que eles serão. Líderes criam a cultura e a ética para a organização, e subseqüentemente para a equipe inteira.

Líderes se preocupam com o caráter.

# Líderes procuram a orientação de Deus.

"O líder nunca permite que a dificuldade acabe com ele — exceto nos seus joelhos."

– Jim Williams

## ORAÇÃO

Todo mundo depende do líder para respostas. "Aonde nós vamos em seguida?" "Qual é nossa meta?" "Nós deveríamos ir à frente ou esperar?" É o líder que deve tomar as decisões, às vezes escolhendo entre o maior de dois bens ou o menor de dois males. Líderes efetivos aprenderam este segredo de liderança: não estão sozinhos. Quando forçados a fazerem duras escolhas, buscam o conselho daquEle que é maior do que eles. Buscam a orientação de Deus.

Competência, habilidade e inteligência — tudo, esses são atributos importantes para liderança. Mas há um maior: a fé. Verdadeiramente grandes líderes *acreditam* em alguém maior do que eles, e expressam essa convicção em tempos regulares de reflexão e devoção.

Suas horas de oração significam um relacionamento espiritual com o Todo-Poderoso que os faz sentirem-se aceitos e amados, até mesmo quando os seus associados ou companheiros os abandonarem.

Para eles, oração não é algo fora do comum. É um caminho para. A força que é derivada da comunicação com Deus os sustenta por tempos de adversidade.

Líderes têm um sistema de apoio espiritual.

ERRO PG 124